AF230542

LA RÉPUBLIQUE

ET LE

COMTE DE CHAMBORD

<table>
<tr><td>TOULOUSE
PRIVAT, LIB.-ÉDITEUR
des Tourneurs, 45.</td><td>PARIS
DOUNIOL, LIBRAIRE
Rue de Tournon, 29.</td></tr>
</table>

LA RÉPUBLIQUE

ET

LE COMTE DE CHAMBORD

LA RÉPUBLIQUE

ET LE

COMTE DE CHAMBORD

TOULOUSE
ÉD. PRIVAT, LIB.-ÉDITEUR
Rue des Tourneurs, 45.

PARIS
DOUNIOL, LIBRAIRE
Rue de Tournon, 29.

LA RÉPUBLIQUE

ET

LE COMTE DE CHAMBORD

Le moment est venu où l'évacuation de notr[e]
territoire par l'ennemi va permettre à la Franc[e]
de se donner des institutions définitives. Son ave[-]
nir dépend de sa résolution présente. C'est sur ell[e]
même qu'elle prononcera la sentence, se condam[-]
nant à une agitation perpétuelle, si elle s'égare, e[t]
se préparant une paix et une prospérité indéfinies[,]
si elle agît avec discernement et sagesse. Quel[s]
que soient les juges auxquels cette décision su[-]
prême soit réservée, il est nécessaire d'éclaire[r]
d'avance l'opinion publique. C'est dans ce but qu[e]
nous plaçons sous les yeux un entretien ou dialo[-]
gue entre deux hommes voulant également l[e]
bonheur de la France, et ne différant, pour attein[-]
dre cette fin, que sur les moyens à employer.

Arthur. Mon cher Victor, ne désirant tous deux que le repos et la prospérité de notre malheureuse patrie, ne pourrions-nous pas nous éclairer mutuellement et nous entendre sur les moyens d'atteindre un but qui nous est si cher?

Je crois, moi, que la monarchie traditionnelle peut seule nous rendre la sécurité et le bonheur. Vous, au contraire, vous considérez la république comme la meilleure forme de gouvernement. Expliquons-nous.

Victor. D'abord, je ne veux pas la république telle que veulent nous l'imposer tant de mauvais citoyens, qui la considèrent comme le plus faible des gouvernements, et qui espèrent, à son ombre, pouvoir se donner carrière. Je veux une république forte, s'appuyant sur les lois et les faisant exécuter énergiquement. Sous ce rapport, il me semble qu'elle est la plus puissante des formes politiques. Elle existe ainsi aux Etats-Uuis et en Suisse. Elle a existé en Grèce et à Rome. Elle a même déjà montré chez nous sa force lorsqu'elle a dompté la plus terrible des insurrections, celle de la Commune, sous laquelle assurément un monarque, quel qu'il fût, eût succombé.

Arthur. Vous avez dit que beaucoup de mauvais citoyens veulent la république. Je vois, en effet, que tout ce qui, en France, est athée, matérialiste, ami du désordre, ennemi du bien d'autrui, préfère cette forme de gouvernement. Je vous avoue qu'à mes yeux cette accointance seule gâterait singulièrement la meilleure des causes. Je n'aime pas à me trouver en pareille compagnie ; je me défie de tout ce qu'aiment les hommes pervers. Ils sont plus fins que les honnêtes gens, et ils savent ce qu'ils veulent. Voilà ma première prévention ; mais passons outre. Vous avez peut-être raison de dire qu'aucun monarque n'aurait pu dompter l'insurrection de la Commune. Mais avouez aussi que, sous aucun monarque, une pareille insurrection n'aurait eu lieu. Ces terribles émeutes n'éclatent que tout autant qu'on laisse les révolutionnaires s'organiser, se compter, s'armer, s'exciter à la violence, par les journaux, par les écrits ou par les clubs, toutes choses qui sont impossibles sous une monarchie. Les journées de Juin, en 1848, ne furent que les conséquences du 28 Février ; le 18 Mars, en 1871, n'est venu qu'après le 4 Septembre. — Les parties perverses de la société ont besoin, comme le gaz et comme toutes les matières explosibles, d'une certaine pression et de certains obstacles qui les compriment. Si vous supprimez ou si vous affaiblissez cette pression et ces obstacles, l'explosion ne peut manquer d'avoir lieu. Or, chaque république, au milieu de nous, a produit des explosions de ce genre. Ne vaut-il donc pas mieux prévenir le mal par une bonne monarchie que d'avoir à le guérir en immolant des milliers de citoyens?

Vous me parlez de la Suisse, des Etats-Unis, de Rome, d'Athènes. Mais chaque peuple a son tempérament et se trouve dans certaines conditions qui lui permettent une sorte de gouvernement plutôt qu'une autre. La Suisse, par exemple, est un petit Etat; or, il est plus facile de s'entendre et de vivre d'accord quand on est en petit nombre que si l'on fait partie d'une grande foule. Le peuple suisse, d'ailleurs, n'a pas des éléments aussi pervertis que le nôtre. Il y a encore chez lui de la bonne foi, de la simplicité, peu de luxe, peu de fortune, qualités essentiellement républicaines, qui de jour en jour et de plus en plus disparaissent de France. La classe ouvrière n'y est pas encore dépravée. On voit, chez ce peuple, de la religion. On y respecte le dimanche, et, ce jour-là, les temples sont pleins et les lieux de plaisir sont vides, ce qui est le contraire chez nous. L'opinion publique y est encore droite et honnête. Pour avoir quelque chance de siéger dans une assemblée politique, on ne professe pas qu'on est anti-chrétien, athée, matérialiste, socialiste. Un Ranc, un Barodet n'y soulèverait que de l'indignation. Il n'en est pas ainsi en France, surtout dans certains centres de population. Or, lorsqu'un peuple en est venu au point de donner des mandats publics de confiance à des hommes comme ceux que j'ai nommés plus haut, ce peuple n'est qu'un peuple d'enfants, qui ne peut se gouverner lui-même.

Quant aux Etats-Unis, il y a là une nation sérieuse, froide, s'occupant d'affaires positives, respectant les droits de tous, et, en particulier, la loi, tandis que, par un fatal instinct, nous semblons porter une haine particulière contre tout ce qui sent l'autorité publique. C'est là l'effet de quatre-vingts ans d'agitations révolutionnaires. D'ailleurs, chez les Suisses et chez les Américains, la forme républicaine a toujours été la forme gouvernementale; ils n'en ont jamais connu d'autre; et vous savez que l'habitude est une seconde nature.

Nous, Français, tout vieux que nous sommes, nous avons le sang trop chaud, trop bouillant. Nous prenons feu trop facilement; nous courons trop vite aux armes. Or, pour vivre en république, il faut avoir le caractère plus calme et moins de vivacité; j'allais dire plus de vertu. Un peuple vertueux, peut seul, en effet, avoir et conserver ce gouvernement qu'on appelle république. Les Romains, dont vous parliez tout à l'heure, et les Athé-

iens eux-mêmes ont pu conserver cette forme
épublicaine, tant qu'ils ont été simples, pauvres,
obres, vertueux, tant qu'ils ont eu parmi eux,
es premiers, des Aristide et des Cimon ; les se-
onds, des Cincinnatus, des Curius Dentatus et
es Fabricius, c'est-à-dire des hommes, qui, après
voir servi l'Etat, retournaient sans ambition à
eurs habitudes domestiques. Mais dès que ces
euples ont été envahis par la soif de l'or, à partir
e ce jour, ils ont été continuellement agités par
es dissensions et des rivalités ; leur sol si fertile
n grands hommes, n'a plus produit plus que des
léon, chez les uns ; des Saturninus, des Clodius,
es Catilina, chez les autres. La république, prin-
ipalement chez les Romains, devint à l'instant
mpossible. La nécessité d'un gouvernement autori-
aire s'imposa d'elle-même. Or notre société ac-
uelle est arrivée à cette époque de décadence où
lle produit un grand nombre de scélérats de ce
enre. Quel temps fut jamais plus fertile en hommes tels que Millière, Vermesch, Ferré, Raoul-
igault, Rochefort, Flourens, Delescluze, Blan-
ui, Félix Pyat, ces ennemis de toute autorité et
e tout principe ? Et l'on choisirait ce moment
our implanter au milieu de nous une forme poli-
que qui exige une société vertueuse ? Mon cher
ictor, essayer de commencer une république là

où les républiques finissent, c'est donner raiso
à nos ennemis qui prétendent que, si nous, Français, avons du cœur et de l'esprit, nous manquon
à peu près de jugement.

Victor. Il peut y avoir du vrai dans tout ce qu
vous dites. Mais avouons qu'il y a plus de patrio
tisme sous un gouvernement républicain et qu'on
y prend plus d'intérêt aux affaires politiques.

Arthur. C'est une erreur, et je n'en veux d'autre preuve que le peu d'empressement qu'on me
au milieu de nous à user de ses droits politiques
On s'abstient de voter, et les abstentions sont s
nombreuses que plusieurs voudraient rendre le
vote obligatoire.

Quant au patriotisme, la dernière guerre nous a
montré que l'amour de la patrie était beaucoup plus
vif dans ces hommes moins ardents et plus mesurés
qui croyaient devoir avant tout servir la France,
sans s'occuper de sa forme politique. Demandez à
Mac-Mahon, à Guilhem, à de Dampierre, à de
Sonis, à de Charrette, à Bois-Briand, au com-
mandant Baroche, aux héros de Coulmiers, de
Loigny et d'Auvours, et à tant d'autres braves
qui ont été blessés ou tués, à quelle forme de gouvernement ils étaient attachés. A la France! à la
France! et ce nom sacré était le seul qui sortait
de leurs nobles poitrines, quand ils marchaient à

l'ennemi. Les républicains de la veille, au contraire, en sûreté dans leur cabinet, se contentaient d'envoyer les autres à la mort, réservant sans doute leur patriotisme pour des circonstances plus impérieuses, et criant de toutes leurs forces (sur le papier!) : Vive la république! — Garibaldi, Menotti, Gambetta, Victor Hugo, Crémieux, l'honorable Bordone, toutes ces illustrations de mauvais aloi, tous ces acclamateurs de république sont rentrés chez eux sans avoir reçu la moindre égratignure, sans avoir eu le plus petit doigt gelé. Où sont les vrais amis de la France? De quel côté s'est trouvé le vrai patriotisme? Ah! C'est que l'amour de la patrie est là où il y a de la moralité, de la discipline, de la religion, toutes choses qu'on ne trouve guère dans un certain camp.

D'ailleurs, la république, telle qu'on l'entend en France, consiste à vivre à sa guise et à ne dépendre d'aucune loi politique ou morale. Cela est si vrai que, pour exprimer qu'on fait ce qu'on veut on dit proverbialement *être en république*. Nos soldats-citoyens n'ont que trop prouvé qu'ils l'entendaient ainsi, et ils ont largement usé de ce droit, en refusant de se battre. Ainsi, non-seulement le patriotisme diminue, mais la force militaire elle-même d'une nation, au lieu de s'accroître avec cette forme de gouvernement, ne fait que s'affaiblir et disparaître.

Victor. Mais un roi coûte cher ; il faut un budget, non seulement pour lui, mais pour les princes de sa famille, pour son entourage. La république est plus économique ; son président ne coûte presque rien.

Arthur. C'est encore là une idée fausse, vous allez le comprendre. Si avec un roi, nous avons la stabilité ; si la confiance renaît ; si les affaires commerciales doublent, triplent, centuplent nos bénéfices ; si le crédit et la prospérité nationale se relèvent ; si les impôts indirects (et c'est là le thermomètre de l'aisance générale) ont un rendement plus considérable ; si les fonds publics haussent, au lieu de baisser ; si la France, en un mot, gagne des milliards de plus, regretterez-vous quelques millions donnés au chef de l'Etat et à sa famille, véritables auteurs d'un tel bénéfice ? Or l'expérience a prouvé que la monarchie, en France, produit toujours de tels résultats, qu'elle a toujours eu le privilége de relever les affaires, tandis que la république, avec ses agitations perpétuelles, a toujours eu celui d'arrêter le progrès national. Quelle prospérité sous Napoléon I\ier, malgré ses guerres ! sous la Restauration, sous Louis-Philippe, sous Napoléon III ! Quelle stagnation commerciale, au contraire, sous la première république, sous celle de 1848 ! et que voyons-nous depuis le 4 septembre 1870 ? — Dans l'espace de quatre-vingts ans, nous avons eu trois républiques et trois monarchies. Les résultats ont toujours été les mêmes. Misère d'un côté; richesse de l'autre. La royauté, c'est le beau fixe qui permet de naviguer à son aise et en sûreté. On a le vent en poupe et l'on n'aperçoit à l'horizon aucun nuage sinistre. Avec la république, il n'y a qu'orages et tempêtes; on ne voit qu'agitations dans l'air, rafales, grains, bourrasques; on entend continuellement gronder le tonnerre. Sous cette forme politique, tout chancelle, tout est ébranlé, tout est en danger. Je dis plus; sous nos monarchies, s'il y a eu quelques moments nuageux, c'est lorsque les républicains de la veille ont fait voir le plus petit bout de leurs longues oreilles. Par une sorte d'effet magique, cette apparition seule, quand elle n'était que momentanée, inspirait une terreur générale; les capitaux se cachaient et les affaires se ralentissaient. Si, pour si peu de chose, les conséquences étaient si désastreuses, faut-il s'étonner de ce qui arrive, quand nous naviguons à pleines voiles dans les eaux de la république?

Victor. Cela tient à ce que notre pays n'est pas encore façonné au gouvernement républicain. Il faut l'y habituer.

Arthur. Que diriez-vous d'un médecin, qui,

après avoir essayé trois fois , sans succès, un traitement sur un malade, s'obstinerait à l'employer, et refuserait de lui donner un remède, dont le bon effet est incontestable et prouvé par l'expérience? — Que diriez-vous encore, et veuillez me permettre cette comparaison presque triviale : que diriez-vous de votre tailleur, si, vous offrant un habit très-beau et très-précieux qui n'irait pas à votre taille , il vous engageait à l'accepter en vous recommandant d'adapter votre corps à la forme de cet habit? — Votre proposition est absurde, lui diriez-vous. La forme doit s'adapter au corps, et non le corps à la forme. — Eh bien! cette double absurdité, c'est-à-dire celle du médécin qui veut employer pour la quatrième fois un traitement inefficace , et celle du tailleur qui veut vous imposer un habit qui ne vous va pas, est renouvelée par ceux qui veulent imposer à la France un régime qui ne lui convient pas.

Victor. Vous voudriez donc avoir déjà rétabli la monarchie?

Arthur. Le moment n'était pas encore venu. L'occupation du sol par l'ennemi ne nous permettait pas de fixer d'une manière définitive la forme du gouvernement.

Victor. Et pourquoi pas?

Arthur. Pour une raison très simple. C'est que,

si la majorité de l'Assemblée nationale avait voté la monarchie, les révolutionnaires, furieux de se voir arracher une forme politique qui est si favorable à leurs vues, n'auraient pas manqué de saisir cette belle occasion pour se révolter, ayant pour complices les républicains de la veille, qui, dans leur fétichisme, adorent la république comme une idole, et assurés de trouver un appui dans cette capitale, où cent quatre-vingt mille citoyens, en donnant leur voix à Barodet, ont prouvé où en est leur sens moral et politique. Il y aurait donc eu un autre 18 mars. Or, il fallait à tout prix éviter les discordes civiles qui auraient compromis notre crédit si nécessaire pour la libération de notre territoire. Les Prussiens eux-mêmes auraient profité de nos divisions pour réoccuper nos provinces, sous prétexte de garantir le paiement de leur créance.

Victor. Vous croyez donc que les révolutionnaires étaient capables de ce crime que j'appellerai de lèse-nation.

Arthur. Ah! mon cher Victor, ils sont capables de tout, sauf du bien. Seuls et mis à nu, ils n'inspirent que de l'horreur. Malheureusement ils se cachent derrière quelques honnêtes gens trop sincères pour croire qu'il y ait des êtres pervers qui veuillent abuser d'eux. La Révolution, comme le

tigre, présente un visage doux et bénin ; c'est vous
hommes sincères, qui êtes ce visage. Les den[ts]
cruelles et les griffes meurtrières sont adroitemen[t]
cachées. Aussi, devons-nous des remercîmen[ts]
sans fin à ces trois cent soixante-deux députés
aussi intelligents que courageux, qui, le 24 mai
ont su apercevoir ce qu'il y avait de dangereu[x]
derrière ces hommes honnêtes, mais aveuglés, qu[i]
croyaient que la France pouvait et devait mêm[e]
adopter la forme républicaine.

Victor. Mais les masses semblaient la vouloir.

Arthur. Erreur, les masses ne veulent qu'un[e]
chose, la sécurité et le repos. Le laboureur n[e]
songe qu'à tracer ses sillons ; le commerçant qu'[à]
placer ses marchandises ; le propriétaire qu'à joui[r]
de ses biens. — Seul, le révolutionnaire, qui l[e]
plus souvent ne possède rien, agite la surface
N'ayant rien à perdre et ayant tout à gagner, il [a]
intérêt à troubler l'eau pour y faire meilleure pê-
che. Si les masses semblaient vouloir la république, c'est que, redoutant tout changement, elle[s]
préfèrent le *statu quo*, s'il est passable, à l'inconnu.
Tel est le secret de bien des votes. En second lieu,
les masses sont mobiles, inintelligentes. Elles vo-
tent sans trop savoir ce qu'elles veulent, et leur
vote n'a souvent pas de signification intellectuelle.
Enfin, il faut bien le dire, les populations se gâ-

tent, grâce à ces écrits périodiques et pernicieux
dont elles sont inondées. Un mauvais arbre ne produit que de mauvais fruits. Si les masses ne nom-
ment que des Barodet, des Guyot, des Ranc, c'est
qu'elles ne valent pas davantage : c'est qu'elles
sont profondément et universement atteintes de la
gangrène sociale, comme cela a lieu en Espagne
et en Italie. L'esprit révolutionnaire récolte déjà ce
qu'il a semé. — Or, voyez l'absurdité de ce système. Quand on veut juger un accusé, c'est-à-dire
un simple particulier, et décider de son sort, on
fait choix de citoyens intelligents et honnêtes ; on
éclaire leur conscience ; des hommes instruits mè-
nent comme par la main ces *jurés*, ainsi nommés
parce qu'ils jurent de juger selon la justice. Voilà
ce qu'on fait pour le premier venu. Quant à la
France, on la livre aux plus ignorants, aux plus
pervers, qui, sans instruction préalable, sans
serment, sans réflexion, sans direction, donnent
souvent leur vote à celui qui flatte le plus leurs
mauvais instincts ou leurs fausses idées. La France
est ainsi abandonnée au hasard. Cette invention est
vraiment digne de la Révolution, qui n'est autre
chose que la perversité et la déraison unies ensemble.

Victor. D'après vous, ce sont donc les révolutionnaires qui sont cause que nous avons vécu

pendant ces trois années dans un état de langueu
et d'atonie.

Arthur. C'est cela, et c'est une calamité de plu
ajoutée à tant d'autres qu'ils nous ont causées
Pendant que les autres peuples, vivant de leur vi
pleine et entière, se livraient au commerce avec l
plus grand élan, la France végétait et vivait a
jour le jour, se laissant enlever par d'autres le
débouchés et les bénéfices qui jusque-là lui ap
partenaient.

Victor. Vous accusez les républicains de ce ma
laise général et de ce défaut de confiance. Mai
les coupables ne sont-ils pas les monarchistes eux
mêmes qui ne veulent pas de la république et qu
dans ce but paralysent tout ? Car, s'il m'est permi
de parler à mon tour, si nous n'aimons pas la mo
narchie, c'est qu'elle a un défaut capital ; les roi
ne songent qu'à leurs intérêts dynastiques, y
subordonnant les intérêts de la nation. Croyez-
vous, par exemple, que dans toutes leurs guerres,
Louis XIV, Napoléon Ier et Napoléon III, aient
consulté l'utilité de la France ? Ce ne serait là en
core qu'un demi-mal. Mais, souvent, au lieu de
choisir pour les affaires publiques les hommes les
plus capables, sans distinction d'opinion, un mo
narque ne considère que le dévouement à sa dy
natie. Ce dévouement tient lieu de tout. Bien plus,

quelquefois, comme sous Louis XV, on règle les choix les plus graves sur les considérations les moins avouables. Il faut que désormais les peuples s'appartiennent et qu'ils se gouvernent eux-mêmes, ce qui ne peut avoir lieu qu'avec la république.

Arthur. Vos objections ont une apparence de raison, mais elles ne tiendront pas devant un examen sérieux. Je ne m'occupe pas de justifier Napoléon et son neveu. Les bonapartistes s'entendront pour cela. Je ne veux défendre que les rois de France, et je dis qu'ils s'étaient tellement identifiés avec le pays, que l'un d'eux a pu dire avec quelque raison : « La France, c'est moi. » La guerre de Succession elle-même, qui paraît à plusieurs avoir été faite dans un but exclusivement dynastique, est une de celles qui ont été le plus conformes aux intérêts de la France. Car, non-seulement elle empêchait la couronne d'Espagne de tomber entre des mains rivales, mais elle donnait à la France une alliée sûre et fidèle, qui nous protégeait sur nos derrières, alliée que la Révolution, en la personne de Napoléon Ier, nous a aliénée, mais qui nous rendra certainement son amitié déjà séculaire et son concours, dès que les Bourbons, des deux côtés des Pyrénées, seront rentrés dans leurs droits. Quant au choix des hommes publics, ma réponse est facile. Trouvez-

moi dans toute l'Europe un peuple qui, en si peu
de temps, ait produit autant d'hommes habiles
qu'en a enfanté la France sous la dynastie des
Bourbons. Sans parler d'Henri IV et de Louis XIV.
qui, personnellement, étaient des hommes remar-
quables, cette dynastie ne nous a-t-elle pas donné
Sully, Richelieu, Mazarin, Colbert, Condé, Turenne et tant d'autres célébrités politiques et mi-
litaires de premier ordre? A côté d'eux, un si
grand nombre d'autres ont paru dans les lettres,
dans la philosophie, dans les sciences et dans les
arts, sous l'influence et sous la protection de nos
rois, que, seule de toutes les races royales, celle
des Bourbons a eu l'insigne honneur, dans les
temps modernes, de donner son nom à un siècle.
A côté du siècle de Périclès, d'Auguste et de
Léon X, on a placé celui de Louis XIV. De toutes
nos gloires, c'est assurément celle qu'on nous dis-
pute le moins, et, en outre, celle qu'on peut le
moins nous enlever. Car, la gloire militaire du
premier empire a été effacée par les invasions de
1814 et de 1815 : les lauriers que nous avons
cueillis en Crimée et en Italie, ont été flétris par
les désastres de 1870-71 ; seule, la gloire de notre
littérature est restée intacte, et son éclat n'a pas
encore été terni.

Vous parliez de Louis XV ; ici, je l'avoue, est

e défaut de ma cuirasse, et je voudrais pouvoir
déchirer cette page de notre histoire. C'est une
ombre au tableau, c'est une tache au soleil. Qu'il
me soit cependant permis de dire d'abord que
nous devons à ce règne l'acquisition de la Lorraine et de la Corse ; en second lieu, que les mauvaises qualités de ce prince sont peut-être dues
au Régent, qui, par son scepticisme et son immo-
rale impiété, semblait déjà préluder à la Révolution. En fin de compte, je ne prétends pas soutenir
qu'il y ait quelque chose de parfait sous le soleil. Il
y a partout et en tout des inconvénients, même
dans le gouvernement monarchique. Croyez-vous
que la République ait été elle-même irréprochable
dans ses chefs et dans ses choix ? A Louis XV que
vous nous opposez, nous vous opposerons avec
quelque avantage Marat, Robespierre, Danton,
Saint-Just, Tallien, Fouquier-Tinville et toutes
les bêtes fauves que la République a produites, et
à côté desquelles Louis XV n'est qu'un agneau
inoffensif. S'il fallait rejeter tout ce qui n'est pas
sans inconvénients, il faudrait supprimer bien des
choses ici-bas. Admettez-vous, par exemple, que
l'indissolubilité du mariage soit une bonne chose ?

Victor. Assurément. Et les siècles, après la religion, ont bien fait de condamner le divorce.

Arthur. Il y a cependant bien des inconvénients

à ce que deux époux ne puissent pas divorcer. L'incompatibilité d'humeur, la différence de caractère, la conduite quelquefois répréhensible de l'un des conjoints, l'incapacité du mari, la mauvaise direction qu'il donne aux affaires, ses mauvais plans, ses mauvais choix seraient des raisons péremptoires qui sembleraient quelquefois militer en faveur de la dissolution de ces unions quelquefois si mal assorties. Mais les inconvénients du divorce sont si graves, si nombreux, si complexes : les avantages de l'indissolubilité sont, au contraire, si incontestables, que la société, avec son sens commun, a décidé qu'il fallait passer par-dessus les inconvénients pour ne voir que les avantages. Eh bien ! il y aussi, entre une nation et un roi, une sorte d'union conjugale. Le roi dirige, la nation obéit. La nation doit prendre part évidemment à la gestion des affaires publiques. Quel est le ménage, en effet, où l'épouse n'ait pas voix au conseil ? Il faut qu'il y ait entente entre les deux conjoints ; car les intérêts sont identiques, et tout est commun. Avec cette entente, entre le roi et la nation, comme entre l'époux et l'épouse, tout marche régulièrement et sûrement. On s'abandonne au présent, on a confiance dans l'avenir, on n'a plus à craindre de commotions politiques. La mort même du chef de l'Etat ne change pas la situation et ne produit aucune secousse. Le roi est mort : Vive le roi ! Il n'y a pas une seule inter-mittence, pas une minute d'incertitude. Il y a toujours progrès, sûreté, paix, développement con-tinuel de la fortune publique. Avec le système op-posé, il n'y a jamais de sécurité. Les passions politiques sont sans cesse déchaînées ; sous pré-texte de liberté, on vit dans la licence. On laisse le mal germer, croître, grandir. On est sans cesse à la veille de quelque journée de juin ou de quel-que 18 mars. La tranquillité, s'il y en a, n'existe qu'en apparence. La plus petite occasion peut faire éclater une tempête. Un peuple, qui est en pleine république, telle qu'on l'entend en France, res-semble à un cheval sans bride et sans frein, se livrant à des écarts qui le fatiguent lui-même, et ne faisant rien d'utile ou de bon, lorsque, avec sa force et son élan, mais sous une main ferme et habile, il pourrait fournir une si belle carrière. Consultez l'histoire, et vous verrez que, pour un peuple, les époques les plus brillantes sont celles où il a été entre les mains d'un seul homme ayant quelque génie. Rappelez-vous ce que furent les Egyptiens sous Sésostris, les Perses sous Cyrus, les Macédoniens sous Philippe et Alexandre, les Francs sous Charlemagne, les Français eux-mêmes sous Louis XIV et Napoléon, les Prussiens enfin sous Frédéric le Grand. S'il y a donc quelques inconvénients dans la forme monarchique, comme dans toutes les institutions humaines, veuillez avouer aussi qu'il y a de très-grands avantages.

Victor. Mais on n'est pas libre sous un roi. En république, au contraire, on a une liberté pleine et entière.

Arthur. Il y a deux libertés, celle du bien et celle du mal. La liberté de mal faire n'est pas un bien ; car si elle était un bien, Dieu l'aurait, puisqu'il a tous les biens. Or Dieu n'a pas la liberté de mal faire. La liberté de bien faire, on l'a sous les monarchies. Ce qu'on n'a pas, c'est la liberté du mal ; et c'est celle que proclament hautement et que réclament les révolutionnaires, qui, n'ayant aucun principe, pas même le sentiment du juste et de l'injuste, veulent avoir le droit, en politique, de dire et de faire ce qui leur plaît ; en religion et en morale, de donner les enseignements les plus subversifs, d'attaquer les croyances les plus sacrées, les institutions et les principes les plus reconnus, sapant jusqu'aux fondements mêmes de l'ordre social. Cette fausse liberté finira par nous faire perdre la seule liberté qui soit vraie, c'est-à-dire, l'indépendance nationale. Car si ces hommes, qui ont le jugement assez faux pour adorer une fausse liberté et admettre des idées si absurdes, venaient à rester maîtres du pouvoir, nul doute qu'avec leur inintelligence ils n'entraînassent la France à sa perte, ce qu'ils ont fait déjà tant de fois. Avec la république, qui est le gouvernement favori de ces gens-là, et qui leur permettrait tôt ou tard d'arriver à la direction des affaires, nous marchons continuellement sur les bords de cet abîme. Or la prudence la plus vulgaire conseille de placer entre soi et le précipice la plus grande distance possible. La monarchie seule établit cette distance et nous met à l'abri du danger.

Victor. Mais les vrais républicains n'entendent pas ainsi la liberté.

Arthur. Quelques-uns, sans doute, et les plus honnêtes. Mais les autres, par lesquels vous serez débordés, l'entendent ainsi. D'ailleurs, mon cher Victor, pourquoi en Europe serions-nous les seuls en république ? Car, à part le petit État de la Suisse et les républiques microscopiques d'Andorre et de Saint-Marin, tous les autres peuples de notre continent ont reconnu qu'il est plus avantageux de vivre sous une monarchie que sous une république. Aurions-nous le monopole du bon sens et de la raison ? Hélas ! toutes les absurdités, toutes les inconséquences que notre histoire a enregistrées depuis quatre-vingts ans, prouvent que nous ne sommes guère le peuple le plus raisonnable de la terre. Nous, si grands autrefois et si estimés, nous sommes aujourd'hui si petits et si peu considérés! Ah! qu'il nous serait bon de revenir au bon sens de nos pères et d'adopter de nouveau ce qui fit leur gloire et ce qui fait aujourd'hui la gloire de la Prusse, c'est-à-dire une monarchie traditionnelle, une monarchie honorable, régulière, appuyée sur des bases solides et non sur un sable mouvant. Il n'y a de fort que ce qui fait faisceau. Or, il n'y a pas de faisceau sans un lien unique qui rattache ensemble les différentes parties d'un tout. Ce lien, c'est le roi.

D'ailleurs, si nous voulons nous relever de nos dernières humiliations, c'est-à-dire si nous voulons avoir une revanche (et tout Français de cœur doit la désirer, pourvu qu'elle soit faite dans des conditions justes et légitimes), si nous tentons jamais de nous venger de la Prusse, qui nous a déshonorés et appauvris, il nous est nécessaire de ne frapper qu'à coup sûr; autrement, c'en serait fait de nous. Mais pour frapper à coup sûr, il nous faut des alliances : or, quel est l'État qui voudra s'allier avec la République française? Sera-ce l'Autriche? Elle ne le fera pas, malgré son désir de réparer sa défaite de Sadowa; car elle craindrait que les idées républicaines de la France ne

avorisassent les agitations politiques de ses États
et les ennemis de sa paix intérieure. Sera-ce le Da-
nemarck, si indignement dépouillé par la Prusse?
Sera-ce la Hollande, si vivement menacée par cet
ambitieux voisin? Les rois de ces deux États
n'oseront jamais risquer leur couronne en s'alliant
avec un gouvernement qui a toujours manqué de
stabilité. Quant à l'Angleterre et à la Russie, il
est inutile d'y songer; car les hommes qui les
dirigent sont trop prudents et trop positifs pour
faire une entreprise quelconque avec la troisième
République française; c'est à peine même si l'Angleterre veut signer avec nous un traité de commerce de quelque durée. Le gouvernement répu-
cain de France n'est qu'un roseau sur lequel
personne ne veut s'appuyer.

Nous ne pouvons pas compter non plus sur l'Ita-
ie, quoique révolutionnaire elle-même, d'abord
parce que rien ne pèse tant qu'un bienfait. Elle ne
l'a que trop prouvé elle-même. Nous serions sûrs
de son alliance, si nous voulions l'aider à conqué-
rir le Tyrol, à dépouiller quelque voisin à son avantage, en un mot, faire la guerre pour elle. Mais
nous prêter généreusement son concours, comme
nous l'avons fait en sa faveur, jamais. Elle s'allie-
rait plutôt avec la Prusse contre nous qu'avec nous
contre la Prusse. La haine de la France est le

sentiment dominant de l'Italien. Il faut que la France soit punie d'avoir réchauffé sur son sei. ce reptile malfaisant et de lui avoir rendu la vie Si vous voulez connaître, en un mot, les disposi tions de ce peuple, elles sont en entier dans ce mots lancés naguère à la France par un journa italien : « Ta mort, c'est ma vie. » Nous ne pou vons donc donc pas compter sur l'Italie. Aurons-nous pour alliée l'Espagne ? Hélas ! elle se meur déjà, ayant avalé ce poison qu'on appelle la Répu blique. Il ne lui reste ni commerce, ni finances ni armée, à peine un souffle de vie ; car elle es sous les étreintes de la Révolution.

La monarchie traditionnelle, au contraire, nous donnera pour alliée l'Espagne que son vrai roi, Charles VII, rendra à la vie ; car les vrais Espagnols sont toujours dévoués à la cause catholique et, par conséquent, à la France. Cette même monarchie nous débarrassera du royaume d'Italie qu'une politique trois fois insensée a placée sur nos flancs à l'avantage seul de la politique prussienne. Le descendant dégénéré des ducs de Savoie, qui, pour conserver sa couronne, une couronne avilie, n'a pas craint de servir d'instrument ainsi que de jouet à la Révolution, n'attendra même pas qu'on emploie la menace et qu'on lui rappelle l'observation d'un traité dont rien jusqu'ici, que je sache, n'a détruit la force, et il se hâtera de se rapprocher des plaines subalpines, dont, pour son honneur, il n'aurait jamais dû s'éloigner. La monarchie traditionnelle, enfin, inspirera à l'Autriche, au Danemark et à la Hollande la confiance nécessaire pour contracter avec nous une alliance offensive et défensive. Le reste viendrait ensuite ; car ne vous imaginez pas que les différents États de la nouvelle Allemagne, naguère ennemis, aient déjà assez de cohésion pour être inséparables ! Croyez-vous que le Wurtemberg, le duché de Bade, la Saxe, le Hanôvre et la Bavière trouvent dans leur amour pour la patrie allemande assez de béatitude pour se consoler de la perte de leur autonomie ? Croyez-vous que certains rois, naguère indépendants et pleinement souverains, se voient avec plaisir réduits à l'état de gouverneurs héréditaires pour la plus grande gloire de la Prusse protestante ? Croyez-vous enfin que les catholiques de ces contrées soient heureux d'être sous un gouvernement contraire à leur foi et lésant déjà la liberté de leur conscience ? Je n'en dis pas davantage.

Victor. A vous entendre, tout irait à merveille. Mais vous voudriez, ce me semble, rétablir, en France le pouvoir absolu et le gouvernement personnel, toutes choses dont on ne se soucie plus guère.

Arthur. Je distingue entre les deux ; car c'est tout différent. Le pouvoir absolu est plein de dangers et je n'en veux pas plus que vous. Personne n'ignore ce que nous a valu le pouvoir absolu de Louis XIV et de Napoléon Ier. Mais le gouvernement personnel est tellement inévitable que ceux-là mêmes qui l'avaient attaqué toute leur vie et qui avaient voulu ériger en axiome : « Le roi règne et ne gouverne pas, » ont cru devoir en user, une fois arrivés au pouvoir. M. Thiers, de qui je veux parler, a si bien voulu gouverner d'après ses idées personnelles, qu'il est descendu de son haut rang, parce qu'elles n'étaient pas adoptées par l'Assemblée nationale. Celui qui répond de ses actes ou qui est destiné à en subir les conséquences, doit pouvoir diriger sa conduite, concevoir son plan, avoir son but et pouvoir, pour l'atteindre, employer les moyens qui lui paraissent les meilleurs : c'est ce qu'on appelle *avoir une politique*. Si cette politique est constante et toujours suivie, une nation ne peut que grandir. Il y a une politique de ce genre sous les dynasties. C'est ainsi que la famille impériale de Russie, se réglant sur les vues de Pierre-le-Grand, s'étend toujours vers le sud, menaçant l'empire turc sur les deux rives du Bosphore et sur les deux continents. C'est ainsi que la Prusse a conçu le projet de réunir sous son sceptre tous les peuples de race allemande. Notre monarchie traditionnelle avait aussi son plan et sa politique ; elle avait déjà unifié admirablement toutes les races qui peuplent notre sol depuis les Alpes et le Jura jusqu'à la mer de France et de la Manche ; depuis les Pyrénées jusqu'aux limites si souvent déplacées, qui nous bornent vers le Nord. Elle aurait assurément reculé ces limites jusqu'au Rhin en agissant avec sa sagesse ordinaire et sa lenteur séculaire ; car il n'y a de solide que ce qui se fait lentement. Elle avait établi sa dynastie en Espagne et dans l'Italie inférieure. Nous étions presque entourés d'amis et d'alliés. La Suisse même avait pour nos rois un attachement filial, et nous avions ses soldats sans en posséder le sol. La Révolution a arrêté l'exécution et le succès complet de la politique de nos princes. Nous devions donc tout au gouvernement personnel, qui est aussi nécessaire à une nation que la tête l'est au corps entier. Quant au pouvoir absolu, qui n'a que des dangers, vous n'avez rien à craindre. Le Prince, qui est à la tête de la maison royale de France, sera le premier à régler son autorité par une représentation nationale. Le pays conservera ses vraies libertés ; la nation, la vraie nation, c'est-à-dire ceux qui tiennent au sol par eux-mêmes ou par leur famille, et non ces vagabonds, ces gen sans aveu, sans feu ni lieu, sans honorabilité e sans patrie, seront appelés à prendre part, pa leurs suffrages, à la direction des affaires. Seule ment, comme il ne faut pas bâtir sur le sable, e qu'il n'y a rien de plus mouvant et de plus insta ble, de plus capricieux, quelquefois même de plu imprévoyant et de plus inintelligent que les mas ses, il ne faudra pas que la royauté, redevenue l base de notre ordre social et politique, soit exposé aux hasards d'un suffrage. Sans cela, nous bâti rions en l'air. Il faudra donc une Chambre haute composée des hommes les plus éminents de l nation, nommée soit par le souverain, soit par le corps d'élite. Cette Chambre, avec le roi, contre balancera le pouvoir de la Chambre basse et en arrêtera les excès. L'autorité royale restera intacte, supérieure à ce vain mot qu'on appelle souverai neté populaire et qui n'est autre chose que la vio lence de la populace. Tout étant ainsi disposé, la royauté habitera dans une région sereine, à l'abri de toute atteinte, représentant le droit et la loi, entourée de majesté et de respect.

Quant à la liberté que nous devons attendre de nos rois, le passé nous répond de l'avenir. Avons-nous jamais été plus libres que sous leur douce autorité? Nous étions comme des enfants dans la maison de leur père, tandis qu'avec les autres souverains que nous nous sommes donnés ou que nous avons subis, nous avons toujours senti la main du maître, et, en fait de liberté, nous n'avons jamais eu qu'un os à ronger. C'est qu'un roi se sent plus porté à l'indulgence envers ses enfants qu'un maître envers ses sujets. Les rois de France étaient véritablement les pères du peuple qui, à son tour, avait pour eux un attachement profond. Je n'en veux d'autre preuve que la douleur très-vive et universelle qu'excita en France la maladie de Louis XV, qui n'était pas cependant le plus estimable des princes. La bonté des Bourbons (1) est précisément ce qui les a perdus. S'ils avaient été plus sévères envers les hommes pervers qu'ils prenaient pour leurs sujets et dont on ne connaissait pas encore le vrai caractère, leur dynastie aurait été sauvée et la France aussi.

Victor. Il faudra donc, avec le retour de la monarchie, essuyer de nouveau la morgue aristocratique des comtes, des barons, des ducs, des marquis, des chevaliers, etc., revenir au moyen âge et subir les droits seigneuriaux ?

Arthur. Vous avez trop d'esprit pour éprouver

______
(1) On disait proverbialement *Bourbon, bon.*

ces craintes, et certainement vous ne parlez pa
sérieusement. Vous savez bien, en effet, que l
royauté héréditaire a toujours lutté contre la no
blesse, qui a succombé sous Richelieu ; qu'elle :
toujours soutenu les bonnes gens, c'est-à-dire l
petit peuple et la bourgeoisie. Quant à l'aristocra
tie, j'aime à croire qu'instruite par tant de révo
lutions elle aura ajouté à tant d'autres qualité
qu'elle possède, celle de traiter les gens du peuple
avec bonté et affabilité sans orgueil et sans faste
comme le font tant d'hommes aussi recommanda
bles par leur naissance que par leur fortune, qu
croient ne pas s'abaisser, mais plutôt se grandir
en se rapprochant du bas peuple, dont ils soula
gent les souffrances et la misère. Il y a, après tout
une chose qu'on ne peut pas contester à la no
blesse et qui ferait oublier bien des défauts : je
veux parler de la distinction des manières, qui fai
sait autrefois la grandeur de la nation française.
A-t-on jamais vu une société plus brillante et plus
distinguée que cette noblesse qui composait la
cour de Louis XIV ? et combien petits y auraient
paru les sauvages de la Baltique, qui, depuis, nous
ont humiliés ! La noblesse française a gardé tou
jours cette distinction de formes et de langage qui
nous fit jadis tant d'honneur et que nous reverrions
à la cour de nos rois. Elle a conservé de plus les

bonnes et saines traditions, ainsi que les qualités de nos pères, leur religion, leur aménité, leurs sentiments généreux et chevaleresques, leur probité, leur loyauté. Seule, elle a toujours montré un attachement désintéressé et sincère à une seule et même forme politique. On ne l'a jamais vue, à quelques exceptions près et très-rares, changer de camp, tandis que tant d'autres se sont toujours tournés du côté du soleil levant! Son dévouement à la France dans cette dernière guerre a été remarquable. Les jeunes gens appartenant aux familles aristocratiques ont noblement et sans hésiter donné leur sang à la patrie, tandis que les fils des parvenus ou des républicains de la veille se cachaient à l'étranger ou au fond de quelque bureau. Ah! qu'il serait utile aujourd'hui, plus que jamais, de faire rentrer par l'élément aristocratique dans tous les degrés des fonctions publiques, et particulièrement dans les rangs de l'armée, ce patriotisme, ce dévouement à la France et cet amour du devoir qui enfantent l'héroïsme!

Dans la noblesse, il y a, en outre, une intelligence et une rectitude de jugement qu'on ne trouve pas toujours ailleurs. Des enfants, en effet, dans ces familles honorables, ont l'avantage inappréciable de n'entendre de bonne heure que des idées justes, droites, morales, qui, exprimées en un lan-

gage plein d'urbanité, donnent cette instruction e
cette éducation première dont l'absence ne se ré-
pare que très-difficilement. D'ailleurs, chez tou
les peuples, partout et toujours, chez les Grec
même et chez les Romains, qui ont poussé l'amou
de la liberté jusqu'à l'idolâtrie, la noblesse a presque toujours été à la tête des affaires et a été tellement respectée que, chez les Romains en particulier, quoiqu'on pût choisir les consuls parmi le
plébéiens, on les choisissait presque toujours dan
les familles patriciennes. On a aussi des égard
pour la noblesse chez tous les peuples qui nous en-
vironnent. Pourquoi serions-nous les seuls à la
repousser? Avons-nous encore sur ce point raison
contre tous? Nous ne voulons pas de la noblesse
qui, dans les fonctions publiques, se conduirai
avec dignité, les relèverait de sa fortune person-
nelle et leur rendrait le prestige qu'elles ont presque perdu. Nous lui préférons des gens avides et
sans ressources, qui souvent exploitent les charges
à leur profit, et qui, ayant hâte de s'enrichir, ne
reculent devant aucun acte d'indignité ou de bassesse. Enfin la bourgeoisie devrait se rappeler que,
si, en 93, elle a renversé la noblesse, elle est, à
son tour, menacée par la classe ouvrière, qui est
exploitée, trompée et dirigée par les démagogues.
Ne vaudrait-il pas mieux s'entendre et se concer-

ter contre l'ennemi commun que lui prêter le flanc par des divisions imprudentes ? La noblesse possède une partie du sol ; la bourgeoisie tient l'or et le commerce. Elles ont ensemble tout ce qu'il faut pour rester maîtresses du terrain et pour ne pas se laisser enlever la direction des affaires. Quelles s'accordent donc, au lieu de se diviser, et qu'elles ne se repoussent pas l'une l'autre.

Victor. Tout ce que vous dites est bel et bon. On pourrait même encore admettre la noblesse. Mais vous avez à nous faire accepter tant de choses qui nous répugnent, que, si l'on cède sur un point, il est difficile de céder sur les autres.

Arthur. Quel est donc cet objet de votre répugnance ?

Victor. Ce qui est pour nous inacceptable, ce qui est le plus contraire à notre sympathie, c'est le drapeau blanc. Vous voulez nous l'imposer ; or, on ne l'acceptera jamais.

Arthur. Il serait vraiment regrettable que le sort de la France dépendît d'une étoffe ou d'une couleur. J'aime à croire que, si l'on s'entend sur le fond, on s'entendra facilement sur la forme ; mais, en définitive, il ne faut pas trop mépriser un drapeau qui est encore tout blanc, c'est-à-dire sans tache. Il n'a pas été traîné dans la boue de Sedan, cette éternelle honte de la France, et il n'étale pas dans les temples ou dans les musées de Berlin ses plis déshonorés. Le drapeau tricolore nous a donné sans doute quelque gloire, mais une gloire sanglante qui nous a été entièrement inutile ; car les victoires de Napoléon Ier n'ont pas ajouté un pouce de terrain à notre territoire. Non-seulement le drapeau tricolore a perdu toutes les conquêtes qu'il avait faites, mais il n'a pas même su conserver l'Alsace et la Lorraine que le drapeau blanc lui avait léguées. Toutes les conquêtes faites par le drapeau blanc, même l'Algérie, ont été, au contraire, agrégées au sol primitif d'une manière presque inséparable et ont eu une solidité qui manque à celles du drapeau tricolore. L'unification de tout le sol français est due à la monarchie légitime représentée par le drapeau blanc. Or, l'on voudrait rejeter les auteurs véritables de notre patrimoine national en faveur d'un drapeau qui, pour un peu de gloire qu'il nous a donné, nous a aussi couverts de honte ! Le second empire a été aussi funeste que le premier a été glorieux ; le neveu a dévoré la fortune de l'oncle. Nous sommes donc quittes envers cette dynastie et son drapeau. Vous voudriez, d'ailleurs, imposer au prince qui serait chargé de gouverner la France, la vue perpétuelle d'un drapeau qui lui rappellerait les souvenirs les plus lamentables et

es affreux malheurs dont il a affligé sa famille·
le drapeau a conduit à l'échafaud le frère de son
aïeul, Louis XVI, Marie-Antoinette, sa femme,
Elisabeth, sa sœur ; il a jeté en exil Charles X,
son grand-père ; le drapeau de la Révolution s'est
montré l'ennemi le plus acharné de la famille
royale ; c'est sous ses plis et à son ombre qu'ont
eu lieu tant d'orgies sanglantes et tant de satur-
nales ; c'est à lui, enfin, que le Prince doit les
quarante années (et plus) qu'il a passées sur la
terre de l'exil. Ce drapeau, avec sa bande rouge,
est l'antipode de la royauté. Et vous voudriez que
le comte de Chambord rentrât en France, un drapeau tricolore à la main ? Autant vaudrait-il exi-
ger d'un fils qu'il embrassât le meurtrier de son
père. Celui qui ne comprend pas ce qu'il y a de
froissant et d'indélicat dans une telle exigence,
prouve que les idées révolutionnaires ont déjà
pénétré dans sa tête et qu'il a fait cause commune, sans s'en douter, avec les idées modernes,
aussi fausses que pernicieuses.

Après tout, est-ce bien le cas d'imposer des
conditions à celui qui consentirait à régner sur
nous ? Le trône de France, depuis que les idées
révolutionnaires ont perverti les esprits, n'est-il
pas devenu une sorte de cible contre laquelle sont
dirigés tous les traits et tous les coups. On y est

en butte aux machines infernales de Fieschi, aux bombes d'Orsini, et aux révolvers des fanatiques de la démagogie. Ne soyons donc pas si difficiles ; car il faut un dévouement héroïque et un singulier amour de son devoir pour venir ainsi servir de point de mire. Je comprends que telle soit l'ambition d'un aventurier sans ressources ; mais, quand on a su par sa sagesse se créer un honorable bien-être, et quand on a trouvé une heureuse sécurité, il faut devenir fou ou être un héros pour venir, comme Damoclès, s'asseoir sous une épée nue dont la pointe sera toujours menaçante. Ce n'est donc pas à nous à faire des conditions, et nous devrions être trop heureux de le voir lui-même si peu exigeant ; car il nous accorde le suffrage universel, cette toquade de notre temps, pourvu *qu'il soit honnêtement pratiqué* (et qui pourrait s'opposer à cette condition d'honnêteté ?). Il accepterait la Chambre haute et la Chambre basse, c'est-à-dire une représentation raisonnable qui ferait à la nation sa part dans la direction des affaires publiques et qui n'exposerait pas le Pouvoir à tous les caprices du suffrage universel. Il y aurait donc la liberté la plus rationnelle. Il demande seulement qu'il lui soit permis de ne pas renier ses ancêtres en reniant leur symbole.

Est-il d'ailleurs tant à dédaigner ce drapeau

qui abrita Jeanne d'Arc, le vaillant Henri IV, Louis XIV, Turenne, Condé, tant d'autres gloires de la France, qui furent autrement pures que certaines gloires modernes et qu'on ne trouva jamais que sur le chemin de l'honneur! C'est le drapeau blanc qui a donné à la France la Bresse, le Bugey, la Flandre, la Franche-Comté, l'Artois, la Cerdagne, le Roussillon, l'Alsace, la Lorraine et la Corse, l'Algérie elle-même. Ce n'est pas le drapeau blanc à la main que la France a reçu de la Prusse un soufflet en plein visage. Les rois, dont ce drapeau est le symbole, étaient trop soucieux de notre dignité pour nous exposer à un affront pareil et pour entreprendre une guerre aussi insensée et dans des conditions d'infériorité aussi évidentes. J'affirme même que, s'ils avaient eu le malheur de se laisser envelopper par un ennemi plus habile, tout étant perdu, ils auraient, du moins, sauvé l'honneur; j'en ai pour preuves Poitiers et Pavie.

Victor. Vous dites vrai peut-être. Mais une chose empêchera toujours le retour de la monarchie légitime. On croit, ou plutôt on s'imagine, à tort ou à raison, que le comte de Chambord, rentrant au milieu de nous, aura une escorte de prêtres, d'inquisiteurs, etc., avec dîmes, priviléges, servage, etc., etc.

Arthur. La monarchie légitime est rentrée en 1815, et je ne sache pas qu'elle soit rentrée avec un pareil cortége. Ce que je sais, c'est qu'avec elle sont rentrés le crédit, le travail, la sécurité, la paix, la prospérité, la richesse. Elle a pu, sans recourir à un emprunt, payer plusieurs milliards. Elle a fait face à tout avec les ressources ordinaires du budget. Deux ans après sa rentrée, le 3 °/° (ce qui est le thermomètre de la prospérité publique) atteignait 75 fr., tandis que depuis trois ans environ, c'est-à-dire depuis 1870, il se traîne autour de 57 fr., quoique aujourd'hui les capitaux soient incomparablement plus abondants qu'autre fois. Tout nous reviendrait donc avec la royauté légitime, puissance, honneur, richesse. Mais pour cela, il faudrait abandonner nos fausses idées et rentrer dans le droit et dans le vrai chemin. — Nous ressemblons à ces vieux pécheurs à qui une conversion sincère rendrait la paix, l'estime d'eux-mêmes et le bonheur, mais qui aiment mieux pourrir et périr dans leurs mauvaises habitudes. — Ces craintes que vous exprimiez tout à l'heure ne sont que des prétextes pour ne pas quitter la mauvaise voie dans laquelle nous sommes engagés, ou des calomnies que des hommes pervers ont intérêt à propager et que les populations, avec leur peu de jugement et dans leur ignorance, acceptent sans réflexion. — Tenez, mon cher Victor, le prince dont il s'agit a un tort qu'on ne lui pardonnera jamais, c'est celui d'être un honnête homme et un homme religieux. S'il avait été un prince révolutionnaire, un aventurier d'une origine contestée et d'une jeunesse orageuse ; s'il avait pris les armes dans quelque coin de l'Europe contre quelque souverain légitime ; s'il avait fait quelque folle équipée à Boulogne ou à Strasbourg ; s'il avait tué un officier français faisant son devoir et à son poste ; s'il avait dévoré sa fortune et celle de plusieurs autres avec assez d'audace pour tenter de la refaire à quelque prix que ce fût ; s'il avait eu des idées absurdes, c'est-à-dire des idées modernes, comme il y en a tant à notre époque, oh ! alors indubitablement il serait populaire ; on lui serait sympathique ; il aurait quelques chances de succès. Car ceux qui se ressemblent sympathisent entre eux : *par pari gaudet*, comme disaient les sensés Romains. Mais être franc, c'est-à-dire éminemment français, être honnête, loyal, digne de ses aïeux, croire à Dieu et à son Eglise, avoir su diriger ses affaires privées de manière à prouver qu'on saurait diriger celles de l'Etat, il y a dans tout cela trop de bon sens pour plaire à la multitude. — Ces qualités ne peuvent être comprises que par des hommes intelligents, honnêtes, instruits. Or ces hommes n'ont jamais constitué dans le monde qu'une faible minorité. Les autres, qui sont en grande majorité, ne sont pas capables de comprendre ces qualités éminemment précieuses. Platon disait que le meilleur gouvernement était celui d'un honnête homme. Mais Platon n'était qu'un radoteur auquel un voyou moderne pourrait faire la leçon.

Victor. Je crois votre prince très-honnête, le plus honnête homme même du monde. Mais est-il habile? Or, dans les circonstances où nous sommes, il nous faut surtout un homme habile. Croyez-vous, par exemple que son aïeul Henri IV, qui disait que *Paris valait bien une messe* (1), se serait arrêté devant la couleur d'un drapeau et qu'il n'aurait pas su tourner la difficulté? Serait-il venu, avant toute négociation et sans nécessité, soulever lui-même un tel obstacle? Fin et rusé, comme il l'était, il aurait attendu que les négociations eussent été sérieusement entamées de manière à ce qu'on ne pût plus reculer; puis, tout étant engagé, il aurait exprimé le désir de conserver son drapeau. Si l'on avait refusé d'obtempérer à ce désir, ce qui n'est pas probable, il se serait réservé pour lui-même le drapeau de sa famille et il aurait laissé à la nation le soin de décider le reste.

(1) Quelques-uns attribuent ce propos à Sully.

Or, soyez sûr que, le prince étant rentré et la France se relevant de son affaissement, les adorateurs du soleil levant, *qui sont toujours très-nombreux, même dans la classe des agitateurs*, n'auraient pas manqué de chercher à faire plaisir au monarque, en réclamant le drapeau de son choix. Ce qu'il y a de plus difficile c'est d'ouvrir la porte. Une fois qu'on est entré, le reste devient aisé. Il fallait donc avant tout qu'on s'abouchât, qu'on s'entendît ; car deux hommes qui se voient et qui se parlent peuvent plus vite s'accorder que des négociateurs à longue distance. Nos vainqueurs ont montré contre nous et dans tous leurs actes une tout autre habileté. Faut-il, hélas ! que nos ennemis aient été plus habiles pour nous perdre que nos amis ne le sont pour nous sauver !

Arthur. Votre objection est spécieuse et mérite une réponse claire et nette. Henri IV, pour avoir la couronne de France, embrassa la religion catholique, c'est vrai. Mais il l'adopta parce que, aux yeux mêmes des protestants, on pouvait se sauver dans cette religion, c'est-à-dire, parce qu'elle n'était pas fausse. Si, pour devenir roi de France, il avait dû se faire musulman, il aurait assurément refusé de commettre cet acte de bassesse ; car nous avons une trop haute idée de son noble caractère. S'il avait vécu de notre temps, se serait-il fait révolutionnaire? Non, cent fois non. Or, on peut être révolutionnaire ou entièrement, comme les communards, ou a demi comme l'a été Louis Philippe et l'empire, dynasties issues de la Révolution, ou aux trois quarts, comme ceux auxquels nous avons échappé, le 24 mai. Le comte de Chambord ne veut pas l'être du tout. Il ne consentira jamais, comme il l'a dit hautement, à être le *roi légitime de la Révolution.* Il n'y a pas de pacte possible entre elle et *Lui,* pas plus qu'entre l'Italie et le Pape, pas plus qu'entre le voleur et le volé. Il faut le prendre tel qu'il est, et comme disait le chef d'un ordre célèbre qu'on invitait à modifier les statuts de ses religieux : « *Sint ut sunt aut non sint.* » Il y a des choses incompatibles, comme le vrai et le faux, le juste et l'injuste, la Révolution et le roi. C'est à prendre ou à laisser. Le principe de la souveraineté populaire et du pouvoir royal ne peuvent coexister. Il ne peut pas y avoir deux maîtres dans une maison. Il faut que l'un cède à l'autre.

Victor. Tenez, je crois que votre prince n'est pas facile : il me paraît, oserai-je le dire? très-obstiné. Je n'aime pas les caractères si inflexibles et si absolus.

Arthur. Ce serait un grand malheur si dans les temps où nous vivons, nous n'avions, pour nous sauver, qu'un homme faible et sans caractère. Un Louis XVI ou un Louis XV serait aujourd'hui un contre-sens. Ce qu'il faut dans des circonstances graves et critiques, c'est un homme énergique et résolu, sans indécision, ayant un but et ne se laissant pas mener par le premier venu. C'est ainsi que Napoléon Ier, homme ferme, sauva la société française à la fin du siècle dernier. Ce que vous reprochez à notre prince est donc ce qui lui fait le plus d'honneur. Il est l'homme qu'il nous faut, l'homme de la circonstance.

Victor. Mais il aura contre lui les républicains, et la nation s'en trouvera affaiblie.

Arthur. Avant que Napoléon III s'emparât du pouvoir, tous les partis étaient contre lui. A peine fut-il maître de tout, que sept à huit millions de voix confirmèrent son autorité. C'est que les peuples veulent avant tout la tranquillité et un gouvernement fort. Même parmi les républicains, un grand nombre veut la prospérité du pays et se ralliera à celui qui paraîtra le plus capable de la procurer. Un petit nombre seulement voudra la république quand même. Ceux-là sont des hommes de désordre, sur lesquels on ne pourra jamais compter, gens sans patrie, sans honneur, sans aucun sentiment avouable. On ne l'a que trop vu dans la dernière guerre ; on n'a jamais pu les mener à l'ennemi. Ces hommes-là ne peuvent être d'aucun secours ; il est donc inutile de les rechercher. Qu'ils s'abstiennent et qu'ils restent neutres, c'est tout ce qu'ils peuvent faire de mieux.

D'ailleurs, la puissance d'une nation ne consiste pas dans l'élan fiévreux de quelques hommes, mais dans les forces organisées. Faisons de bons bataillons, de bons régiments, de bons corps d'armée, bien commandés et aussi nombreux que possible. Voilà où est la puissance d'un peuple. Or ce ne sera jamais celle que nous donneront certains républicains, dont la présence détruit l'autorité, condition indispensable de toute force, et désorganise tout. Voulez-vous, d'ailleurs, savoir quelle est la forme de gouvernement qui nous convient le plus et qui nous serait la plus utile ? Je vais vous donner le *criterium* le plus sûr. Nous avons des ennemis implacables qui ne désirent que notre ruine ; ce sont les Allemands. Ils ont ce qui nous manque, c'est-à-dire un jugement exact et sûr. Or, voici ce qu'ils désirent. Il nous voient avec plaisir en république, parce que, tant que nous aurons cette forme de gouvernement, qui est un dissolvant énergique, ils n'auront rien à craindre de nous. Voilà pourquoi ils applaudissaient aux efforts de M. Thiers pour la fonder. Ils verront avec peine notre retour à la monarchie et surtout à la monarchie légitime, qui ferait notre force. Car, à partir de ce moment, ils auraient tout à craindre. Aussi ont-ils vu avec chagrin l'avènement de Mac-Mahon à la présidence de la république, parce qu'ils voient là-dessous une monarchie future. Nos ennemis jugent donc notre situation mieux que nous.

Victor. Sans entrer dans tant de détails et de considérations, ne pourrait-on pas aplanir toutes les difficultés en soumettant au peuple la question de république et de monarchie?

Arthur. Il est inutile de faire porter sur cette grave question un jugement par des masses peu instruites et peu prévoyantes. Il y a des signes certains auxquels on reconnaît instinctivement si un peuple accepte ou non une forme gouvernementale. Ces signes sont la confiance générale, la prospérité publique. Tant que ces signes ne se manifestent pas, la république n'est pas acceptée. C'est là l'expression caratéristique et le vote le plus significatif d'un pays.

Au reste, mon cher Victor, les peuples ne vivent pas de mots et de phrases ; ils ne demandent que le travail et la sécurité. S'ils ne peuvent pas vivre avec la liberté telle que vous l'entendez, ils se jetteront, comme après le 18 brumaire et le 2 décembre, dans les bras de tout ambitieux qui voudra les sauver. Tant que le trône sera vacant, il appartiendra au plus hardi, à défaut du plus digne. Et pendant que nous nous disputons sur la république ou la monarchie, *viendra ce troisième larron*, dont parle Lafontaine, *pour saisir maître Aliboron.*

Encore quelques années et le rejeton de la dynastie napoléonienne, dynastie à forte poigne, atteindra l'âge de la force et des aventures. Les membres de cette famille sont tous des grippe-couronnes. Même, quand ils sont inhabiles pour tout le reste, ils sont toujours adroits sur ce point-là. C'est leur spécialité. Vous connaissez leur caractère essentiellement despotique et ambitieux. Ils accepteront tout pourvu qu'on leur donne le principal. C'est alors qu'on reverra les lois de sûreté générale, les Lambessa, les Cayenne et les confiscations des biens d'Orléans. Il y aura, en outre, quelque autre unité italique ou germanique, quelque autre attentat à nos droits de catholiques, le tout se terminant par une revanche faite dans de mauvaises conditions, c'est-à-dire, par une invasion nouvelle, par cinq milliards de de plus à payer et par notre ruine complète. Nous discutons comme les Byzantins, pendant que les ennemis de nos libertés sont à nos portes. — Puisque la monarchie est inévitable, prenons-la donc

onne, douce, paternelle, plutôt que tyrannique et
mplacable.

Veuillez me permettre ensuite de vous rappeler
ombien il est indispensable non-seulement de
'éloigner de la Révolution, mais encore de s'at-
acher à ceux qui représentent les principes hon-
êtes et justes. Vous savez combien règnent
artout l'indiscipline, le mépris de l'autorité, l'ir-
éligion, l'immoralité, l'injustice et la cupidité. La
robité même et le sentiment de l'honneur s'affai-
lissent chaque jour pour faire place à un égoïsme
honté qni sacrifie tout à ses convoitises, même
a patrie. Nous en trouverons la preuve, à défaut
'autres, dans ces infâmes marchés que diverses
nquêtes ont dévoilés, et qui ont mis à nu les plaies
iorales de la France. Comment se fait-il qu'un
euple, autrefois si noble et si généreux, soit de-
enu si peu honorable et si cupide? *Comment en
in plomb vil*, comme dit le poète, *l'or pur s'est-
l changé?* — Ce changement malheureux est
'effet de quatre-vingts ans d'agitations politiques
t de révoltes. Dans cet espace de temps, on a
oulé aux pieds tant de droits, on a applaudi à tant
'usurpations et à tant de vols de tout genre, vols
ublics et vols privés, que le sentiment du juste
t de l'injuste s'est affaibli au milieu de nous. On
oue celui qui a fait fortune, quels que soient les

moyens qu'il a employés. La fin justifie tout. N'ayant pas respecté le droit en haut lieu, nous ne le respectons pas davantage dans tout le reste.

En rétablissant, au contraire, le principe d'autorité, et en mettant à la tête de la France un homme moral, religieux, honnête, plein d'honneur et de probité, nous ferons que toutes ces vertus, jadis la base du caractère français se communiqueront de nouveau à tous les degrés du corps social, comme une eau vivifiante et salutaire, qui, descendant d'en haut, pénètre dans les couches inférieures.

Il est enfin, mon cher Victor, pour vous qui êtes catholique, une considération que je regarde comme décisive. La Révolution et la dynastie napoléonienne n'ont jamais manqué de dépouiller, en tout ou en partie, de son indépendance temporelle le chef suprême de notre religion. Ils ont secondé ses ennemis, qui, à force de violences et d'astuces, ont fini par le réduire à l'état de captif, le couronnant d'épines et l'exposant sans défense à tous les outrages et à toutes les injures. En cela, les droits imprescriptibles de notre conscience ont reçu la plus grave des atteintes. Ce qui caractérise, au contraire, la monarchie légitime, c'est son profond respect ponr tous les droits, en général, et pour ceux de la papauté en particulier. Il est hors de doute que, une fois remontée sur le trône, la maison de Bourbon usera de toute son influence pour ménager entre les puissances catholiques une entente commune, qui parviendra, même sans verser du sang, à rétablir une indépendance qui est si chère à tous les catholiques de l'univers. Le chef de cette Maison, dans son manifeste, n'a pas craint, quelle que dût être l'impression des âmes pusillanimes, de se proclamer, en quelque sorte, le défenseur de la papauté. Ce courage lui fait honneur.

Du reste, si, insensibles à toutes les considérations que nous avons exposées, les hommes qui dirigent les destinées de la France, ne prenaient pas hardiment un parti; s'ils ne profitaient pas avec empressement de leur majorité encore hon nête et monarchique; si nous livrions enfin notre patrie à tous les caprices du suffrage universel, il nous arriverait ce qui arrive en Italie et en Espagne, où les radicaux, légalement maîtres du pouvoir, se livrent à tous les excès. Qu'on ne dise pas que leur triomphe, en France, n'est pas à craindre. Le flot monte et nous envahira bientôt. Nous avons juste le temps d'y opposer une barrière. L'élection de Ranc et celle de Barodet sont un enseignement dont nous devons profiter. Encore quelque temps et quelques autres choix de ce genre, et tout sera perdu. Or, il n'en serait pas de nous comme de l'Espagne et de l'Italie qui se contenteraient de se dévorer à l'intérieur. Aux dissensions se joindra, comme toujours, la guerre étrangère, la guerre à outrance, qui, faite, sans jugement, comme la précédente, réduira encore le nombre de nos provinces et nous fera descendre au rang de puissance de second ordre. Ainsi, avec les radicaux, dont le triomphe avec la république est certain, guerre, honte, défaite et ruine de la nation française. Avec cette forme de gouvernement, nous sommes sur une pente ; or, on ne bâtit pas et l'on ne s'établit pas sur une pente ; il faut nécessairement rouler dans le fond, c'est-à-dire, dans l'abîme. C'est à nous de prendre nos mesures et de nous garantir du danger par le seul moyen qui nous reste, c'est-à-dire en rentrant dans le droit public de l'Europe, en cessant d'être une menace continuelle pour les monarques qui nous entourent, en rétablissant la royauté traditionnelle qui a su si bien et si sûrement nous conduire à travers les âges, tandis que, dans le court espace de trois quarts de siècle, la Révolutionous a mis trois fois à deux doigts de notre perte, en nous mettant à la merci de nos implacables ennemis.

Victor. Mais que ferons-nous des partis opposés, c'est-à-dire des bonapartistes et des républicains ? car il y a des conservateurs parmi eux, et il faut compter avec tous les gens de bien !

Arthur. Parlons d'abord des bonapartistes. Les Napoléons nous ont fait certainement beaucoup de mal. Trois invasions et le démembrement de notre territoire sont des maux qu'on ne leur pardonnera jamais. Mais il est impossible de nier qu'ils ne nous aient rendu de grands services. Napoléon Ier, Napoléon III ont enchaîné d'abord, pour un temps, cette Révolution, qui semblait déjà être maîtresse de notre pays. Pour ce fait seul, nous leur devons quelque reconnaissance. Le premier a rétabli, en outre, non-seulement l'ordre social, mais encore la religion et les temples qui avaient été détruits par les éternels ennemis de tout bien et de tout principe. L'un et l'autre ont fait jouir la France d'un moment de répit et de prospérité. S'ils nous ont fait trop de mal pour qu'on puisse les louer, ils nous ont fait aussi trop de bien pour qu'on puisse les oublier. Je suis donc d'avis d'accorder aux membres de cette famille tous les priviléges et les avantages qui sont dûs à des princes, à la condition qu'ils s'inclineront devant la royauté légitime et qu'ils ne se permettront rien de contraire à ses droits sacrés. L'ex-prince impérial et sa mère ont trop de bon sens pour ne pas reconnaître tôt ou tard l'inanité du principe sur lequel on voudrait appuyer leurs prétentions. — Quant aux républicains sincères et honnêtes (dont le nombre n'est pas petit), il se rallieront facilement à un gouvernement honnête qui aura été établi sur le droit et la loi, et qui relèvera le pays. Les autres, qui ne sont que des ambitieux, et qui, sous tous les régimes, sont des agitateurs et des brouillons, on ne les gagnera jamais à une bonne cause. Leur petit nombre permettra de les réduire facilement. Sauf ces quelques loups, tous feront partie de la grande bergerie, et, selon le langage des livres sacrés, il n'y aura plus qu'un troupeau et qu'un pasteur.

Toulouse, imprimerie RIVES & PRIVAT, rue Triplère, 9.